AF397666

© 2024 Mikko Nevantakanen

Kustantaja: BoD · Books on Demand

GmbH, Helsinki, Suomi

Kirjapaino: Libri Plureos GmbH,

Hampuri, Saksa

ISBN: 978-952-80-7175-4

Vaasa-Napoli all night long

RUNOJA

Perhonen on d-molli
Tee maistuu sadevedeltä
Raparperit kanttaavat hylättyä sellutehdasta
Hyttysten kitarariffi.

Juuretonta lihakeittoa
Vokaalien piirittämä perhosniitty
Hiirenloukkuja ei tarvita
Lapsia avojaloin.

Tuuli vihjaa toiselle sivulle
Keitän kahvit saan linnut lentoon.
Orjapihlaja-aidan alla kasvaa lähiöiden
joululahjapino.
Fjalar tulee kuutamokeikalta satamasta
Pihlajat matkivat ihmisten puheita
Olen lätäkkö ilman vettä
Edessä Vaskiluodon hylätty huvipuisto
kummituksineen
Jossakin vielä äiti tuo lapselle lämmintä
maitoa vuoteeseen.

Pimeässä olen kissan silmäpari.

Lintsasin koulusta
Kotona laitan lp-levyn soimaan
"Se oli sitä surutonta nuoruusaikaa"
Laitan tuhkakupista tupakan suuhun
Isän kertaalleen sytyttämän.

Hovioikeuden altaassa makaa
sodanaikainen sukellusvene

Tahdon kuvitella niin
Kirjoittaa satuja veneiden kylkiin
Suomen kielessä olen kotonani.

Paratiisisaaren kivilaituri
Se mitä siinä istuessaan
kaipasi
on lohkeillut mereen.

Sundomin silta
Haukisaaliit entistä niukempia
Kalastajien mieluisat muistot 80-luvulta
ruokkivat lokkeja.

Merimetsoja vainotaan
puuttomien saarten perusteella
Vaikka eivät ne voi taivasta pilata
runoa jolle kaatuu kaikki.

Mansikkasaari
Aurinkoon puhalletaan lisää ilmaa
Se alkaa täyttyä kilpikonnan poikasista
jotka ryömivät kohti merta
jonka hylätty kenkä on hörpännyt.

Ahvensaari
Ihmiset kuten taimet laatikossa
Purjevene lävistää ajatukset
jotka ovat pilviä taivaalla
Meri ei näy mereltä.

Hietasaari
Pihlajanmarjoissa roikkuvat
väsyneet poijut
Poliisit ajavat sanoja takaa
Rannalle ajautuneen valaan
luut kuin lahonnut laituri
Soutuveneestä vastataan
että Pohjantähteä kohti.

Gustavsborgin ranta

19

Orava kantaa käpyä

Aurinko on ripustettu koivunoksaan

Lapset keräävät simpukoita

He myyvät minulle koko meren.

Kronvikin uimaranta
Kurjet lähtevät
Ilta haisee dieselille
Radioaktiiviset silakat
uivat jalkoihin.

Räätälinsaari
Lahonnut puuvene rannassa
kuin Fylgiaan hylätty
vanhus.

Sisäsatama
Meri liikkuu kuin ruuhka
Kaksitahtiset pulputtavat vettä
kuin hukkumaisillaan olevat
Vesi jakautuu kahtia
Silmäni purjehtivat molempia.

Satama
Uumaja on ulkomaata
Välissä meri
toisella puolella havet
joka katsomiselta jatkuu
Lähtövalmis laiva särkee katseen
että olisi jotain mitä kaivata.

Vankilan ranta
täynnä kotiloita
hanhien paskaa
Ryyppyremmissä
paidattomat tuulettavat
kainalokarvojaan
Turistien kamerat räpsivät
vierasta valoa.

Pilvilampi
Koirien ulkoiluttajat
Pakkanen naksahtaa puissa
Jääkannen alla
ruohikko hengittää talven
kiduksilla.

Onkilahti

Jääpeite on kivitetty rikki
Graniittikokoelma valaan vatsassa
Likaviemäreiden tuoksu.

Siilot
on purettu
Täällä asti tuoksuvat
Tiklaksen puhtaat kankaat.

Suvilahti
Poikia rannassa
Kuka heitti ensimmäisen
leipäkiven itsensä läpi?
Kuka haluaisi pidemmälle?
Kuka yritti puhaltaa pihlajanmarjan
joka ei sopinut putkeen
Syksy kiipeää puihin yhdessä yössä.

Rannat
Rannoilla nukutaan
Rannoilla uneksitaan
Rannoilla huudellaan
Rannoilla etsitään
Rannoilla hukutaan
aletaan kaivata ihmistä.

Graffitilandia
Tägi maalattu betoniin
Sydän sydämen päälle
Miten niin monta
mutta tarkoittavat yhtä.

Cafe de Paris
Ostan kahvia
saan olutta
Tuijotan ikkunasta kuten
katkennut kynänterä.

Ruusupuisto
Irroitan frisbeen
koiran suusta kuin
kalanruodon
Tänne saisi pienen kasvimaan
josta riittäisi kaikille.

Kuupuisto
Kun kaikki metsät
on hakattu
aletaan kaivata ihmistä
joka istuttaisi puita
tekisi lapsille majoja.

Rauniot
Lapset leikkivät piilosta
Savun haju 1800-luvulta
Voin yhä nähdä laivat
lätäkköjen peileistä.

Ristinummi
Painaa pää sammalta vasten
samaistua metsiin
Ja miten kylläinen on ostarilla makaava
aurinko
Joutilas keltainen lehti puussa
Niljakkaat etanat jalanpohjissa
niiden hylätyt kotilot
vähitellen täyttyvät
poissaolosi painosta.

Vanha Vaasa
Miten tämän ja tuonpuoleisten väliin kasvaa
vuosi vuodelta
yhteisten kesien valoa.

Vetokannas
Aurinko kaatuu kerrostalojen taakse
Kaksi kaatamatonta puuta piirtyy veden
pinnalle
Peilikuvassa kokonainen metsä.

Tiklaspuisto

Ryyppyryhmä vaihtaa

sorsille paristoja

Enää ei tuoksu mennyt

kuten tallatut kukat

Yökehrääjät selässäni.

Gerby

Vihreys lehahtaa kasvoille

Nukkumalähiö kuin

lupiinien ruodot.

Palosaari

Nuoren naisen rinnat pomppivat

kun sähköpotkulauta osuu katukiveen

Tarinat pistelevät lintuja.

Keskusta

Pohjanmaa syöksyy junan eteen

Yksinäinen lokki kantaa koko toria

kunnes kenkäkauppias pyydystää sen

ja lokin on luovuttava saalista.

Kirkko

42

Kissa on hukkua suihkulähteeseen

siihen samaan jossa me uimme alasti

yökerhojen valoissa.

Hietalahti

Haiset vanhalta puutalolta

Istun portailla

K-marketin valo sylissä.

Korkeamäki

Helsinki ei ole kaukana

ihan kivenheiton päässä

Karhutiestä

Kiasma tuijottaa näkymättömästä

häkistä.

Västervik

Maa paljastaa apilat

jäinen tuoksu kärritiellä

Kuu

Koira haukkuu

Ainoastaan ikkunat liikkuvat.

Purola

46

Narua hyppäävä tyttö

Puissa omenoita

Saunasavu

Isiä autotalleissa

Tyttö ei saa karkkipussia auki

Mehiläinen kohmeisia siipiään.

Asevelikylä

Vanhukset istuvat pihakeinussa

Lapset asuvat naapuritaloja

Ruohikko ei ennätä korkeaksi

Kerään kaduilta wanhoja sanoja.

Huutoniemi

Lapsi nukkuu vaunuissa
Kirkko on tarpeeksi ruma
löytää jumala.

Sundom

Tulin metsään

joka ei pääty

Hevosia

kehrääviä kissoja

Tuulivoimalat pilaavat maiseman

Haistan kaupungin tuoksun.

Runsor

Kissa joka katosi heinikkoon
Muuta en nähnyt
Jouduin kysymään tietä
joka olen.

Vaskiluoto
Askel askeleelta löydän
oivallan sen olemuksen.

Melaniemi

Tilapäisyyttä
Kuuntelen ja kuvittelen tänne
kokonaisen hylätyn kaupungin
Yhtäkkiä avaruus on lähellä
käsin kosketeltavissa.

Makaan pellolla

Linnun siipien suhina yöllä

kissa jahtaa myyriä

Ladot joissa kuunvalopimeä.

Teollisuus

laskeutuu harmaana hilseenä

hiuksille

Metsän haju joka ei lähde pois

Olen havuista kotoisin.

Rytilaakso

Taivaalla kivitettyjä lintuja

Kråklund

56

Maisema on säkissä

Kissanpentuja annetaan ilmaiseksi

Kotien ovet odottavat koputtajaa

Kaipaan tungosta.

Traktorin avaimet

Nainen haettava kotiin.

Saunan jälkeen

Miten käki kukkuu.

Saunan jälkeen

lumienkeleitä hankeen.

Lumityöt

Piha suolattava.

Ostin parvekekukkia

jotta meilläkin olisi kevät.

Kukaan ei enää tee

kaarnalaivoja purjehtimaan ojiin

Olen yksin tällä matkalla.

Napoli

Täällä asti on koti

jota kaivata.